«Todos heridos por el Norte y por el Sur...»

Cuentos

COLECCIÓN CANIQUÍ

EDICIONES UNIVERSAL, Miami, Florida, 2021

ALBERTO MULLER

«Todos heridos por el Norte y por el Sur...»

Cuentos

Copyright © 1981 by Alberto Muller

Primera edición, 1981
Nueva edición corregida y aumentada, 2021

EDICIONES UNIVERSAL
P.O. Box 450353 (Shenandoah Station)
Miami, FL 33245-0353. USA
(Desde 1965)

e-mail: ediciones@ediciones.com
http://www.ediciones.com

Library of Congress Catalog No.: 80-70474
ISBN-13: 978-1-59388-315-7

Diseño de la portada por Roberto Quintairos
Diseño final de cubiertas para imprenta: Luis García Fresquet

Todos los derechos
son reservados. Ninguna parte de
este libro puede ser reproducida o transmitida
en ninguna forma o por ningún medio electrónico o mecánico,
incluyendo fotocopiadoras, grabadoras o sistemas computarizados,
sin el permiso por escrito del autor/editor, excepto en el caso de
breves citas incorporadas en artículos críticos o en
revistas. Para obtener información diríjase a
Ediciones Universal.

DEDICATORIA:

Confieso que este libro es muy intimista y mágico, al menos para mí, por lo que quiero dedicárselo a mis dos hijos Ernesto y Yolanda, en gratitud a la alegría y a la magia, que han traído a mi vida. Ellos sin saberlo, han compensado las durezas del camino andado. He sufrido mucho, pero no guardo rencor alguno y ese es un gran regalo de Dios para ellos.

Confieso que quiero seguir queriendo, aunque a mi jornada de vida, le deba quedar un trecho de magia más apasionante por ser más corto.

ÍNDICE

PRÓLOGO POR ROBERTO CAZORLA 11
A– CUENTOS A LA SOLEDAD Y AL DOLOR 17
    Homenaje a las Naciones Unidas 19
    Al suicidio de Marilin Monroe 25
    Todos heridos por el norte y por el sur 29
    Marcelino sin pan y sin vino 35
B– CUENTOS EN MINIATURA 43
    El piano 45
    El niño 46
    Una rosa 47
    El boxeador 48
    Miles de peces 49
C– CUENTOS A LA ABUELA 51
    La cueva de las hormigas 53
    El altar del gavilán 57
    En la acera nació un jazmín 59
D– POEMAS PARA ALTERNAR 61
    Poemas a Dios 63
    Poema a Yolanda 68
    Poema a las calles de Praga 70
    Poema a mi padre 72
    Poema a Ponce 74
    Vive sin paz Miguel II 75
    «Aleluya a John Lennon» 76

PRÓLOGO

Una carta de Roberto Cazorla que se convierte en prólogo

Sr. Alberto Muller – Madrid, 15 de junio de 1983

Admirado poeta:

¿Cómo estás? ¡Por fin te escribo! Lo prometido es deuda y así me sentía contigo.

En fin, que paso a agradecerte infinitamente tu magistral libro. Muy sencillo y además dice mucho. También me gusta el título «Todos heridos por el norte y por el sur»...Es difícil cuando uno logra tal emoción y tal desgarramiento interno. Pero te diría que tu obra la podría calificar como «un cuchillo candente que brota del pecho del mundo».

La dedicatoria del libro a tus hijos conlleva una humanidad impresionante, condición necesaria para un escritor. Ya al leer está página se comprende que clase de hombre eres y hasta qué punto te duele el mundo que te pusieron por delante. ¡Te comprendo mucho, admirado amigo!

El primer trabajo dedicado a las Naciones Unidas es digno de que lo lea todo el mundo...que cada hombre lo ampliara y lo pusiera en la puerta de su casa. Su fondo es profundo como la propia necesidad que tuviste de escribirlo. «Al suicidio de Marilyn...» está cargado de una crítica punzante con ese humor negro que posees en muchos de tus trabajos pero, sin alejarte jamás del contenido humano. Muy bello el poner esos nombres que sí hicieron por la Paz mundial.

«Todos heridos por el norte y por el sur» es uno de los cuentos que más me han impresionado. Hay expresiones realmente hermosas, como por ejemplo: «los obreros sudaban a bofeteadas insolentes de sol», «en el centro del mundo se abrió un cráter gigantesco y hosco...», «Eran heridos los costados del sol».

Creo que has logrado un trabajo de gran altura. No sé, pero pienso que la Paz y Cuba son los máximos protagonistas en esta ocasión.

De «Marcelino sin paz y sin vino»... ¡Genial!, ¡cuánta carga poética, cuántos laberintos de belleza! «Iba con mi tristeza de doble fondo...», «iba buscando a la gaviota tierna del nuevo testamento...», «iba buscando ese borde misterioso de playa y arena en donde Dios se esconde...para descansar con los peces pequeños.../ iba buscando en lo espontáneo de la tarde un signo de pasión...».

Esa hermosa pequeña expresión de «iban detrás de mí», dice tanto. En general este trabajo «Marcelino...» está minado de una dulzura que solamente es capaz de proyectar un escritor caribeño, hermano, la página 31 está premiada con ese breve trabajo titulado «El piano» y que es un breve canto a la libertad, pero con toda la sencillez poética que pueda existir. «El niño», «una rosa», el primero de gran hermosura, el segundo fuerte y muy directo «al pulmón», como decíamos en Cuba. «El boxeador» te pone a pensar muchísimo.

«En miles de peces» llevas a la libertad como el máximo estandarte. «La cueva de las hormigas» es uno de los trabajos más interesantes que se puedan hacer con ese fondo. ¡Cuánto simbolismo! ¡Esa «madre» es el resumen de tantas cosas! «El altar del gavilán» lo tengo marcado con tres equis, pues soy de los que cuando un poema o un cuento me gusta mucho lo marco con una X, cuando es requetebueno con dos y cuando ya no se puede «aguanta» de «cojonudo» con tres equis.

Todos heridos por el norte y por el sur

Tu libro es algo fuera de lo común, pues si lo vieras no lo conocerías, pues siempre que lo vuelvo a leer encuentro cosas nuevas y subrayo, es algo que resulta en mí una «enfermedad». En este último trabajo que te cito expresas lo difícil que se vive con esa mentira que impone la religión.

Sé que te sientes orgulloso de este libro que has «parido» y, como cubano exiliado y hombre que como tú ama la paz y se acerca lo posible a la libertad (que en el fondo no es más que un tópico), te aplaudo hasta caer extenuado. Te agradezco que hayas lanzado al mundo un libro tan importante, tan humano y con ese rayo perenne de la denuncia hacia todos los que oprimen y descalifican hasta la más leve intención del pájaro más huérfano de la tierra.

He leído varias cosas en la Tertulia de tu libro. Haré una presentación del mismo en plan de buen público en uno de los mejores salones de Madrid. Es una obra que merece promoción... Por ello te repito mi gratitud por haberme dado tan hermosa oportunidad de leer «Todos heridos por el norte y por el sur»...

¿Tienes pensado algún viaje por Madrid? Sabes que aquí tienes a un amigo y una Tertulia que te presentará y te recibirá con los brazos abiertos...

Bueno, espero que no te olvides de los que por ésta te admiramos sinceramente y...sigue escribiendo que te necesitamos,

Tu amigo

Roberto Cazorla

A– CUENTOS A LA SOLEDAD Y AL DOLOR

HOMENAJE A LAS NACIONES UNIDAS

Esta es la historia de un mendigo. Bien podría haber sido la historia o la histeria de un aristócrata; de un cura de campo; de un escultor; de un drogadicto; de un futbolista; de un poeta; de un anarquista; de un pescador; de un gato sarnoso; hasta de un funcionario o secretario general.

Pero decididamente es la historia de un miserable mendigo, que cotidianamente buscaba a Dios dentro de un oxidado y pestilente latón de basura.

Su padre, homicida. Su madre, tuberculosa.

El edificio de las Naciones Unidas, sito en la ciudad niuyorkina. Majestuosamente bello. Con su grama fresca de verdores tiernos. Majestuosamente imponente, que es mejor que decir impotente. Sus salones majestuosamente amplios. Sus murales y su acústica igualmente majestuosos. En los jardines los niños correteando sus locuras infantiles y majestuosas. Los pintores con sus caballetes pintando la majestuosidad de la locura. Todo en él majestuoso. Desde los delegados permanentes y sus séquitos en esa atolondrada dinámica del alcohol y la burocracia, hasta el silencioso jazmín que desde su rincón desconocido junto al mar, va regando sus perfumes majestuosamente.

Toda ciudad inicia su movimiento vital de todos los días con el ruido timbroso de los despertadores. Ese es el momento vital, cuando las personas apartan el sueño. Con sus pies se quitan las sábanas de sobre el cuerpo. Con las manos se restriegan los ojos. Se quitan el pijama. Se lavan la cara. Se lavan los dientes. Se peinan. Se visten. Se perfuman. Desayunan. Se aprietan la corbata. Si fuese cura, cambiaría la corbata por la de rezar el breviario y apretarse la timbalera. Si hubiesen sido amantes, hubiesen preferido despertarse piel a piel. El orden de los factores se matizaría sexualmente.

El mendigo es la única persona que no cumple con este ritual universal. Él no tiene piel. Su piel son salpicaduras sarnosas. Tampoco tiene casa. Su casa es la intemperie inclemente. Ni despertador. A él lo despierta la neblina del amanecer. Ni cepillo de dientes. Él no tiene dientes. Ni agua de colonia. Su única agua es la de las charcas. Ni breviario. Él no sabe rezar. Ni corbata. Sus trapos los lleva sobre el cuerpo con algo de pudor infantil. Ni desayuno caliente. Su desayuno en un gesto de generosidad extrema, lo donó inconsulta y originalmente a los niños desamparados.

Los latones de basura son su refugio pendejo y semimilagroso para buscar a Dios y aplacar su hambruna congénita,

Este era un mendigo del viejo barrio capitalino. Para cerrar brecha a la imaginación, de cualquier capital. Sus ojos eran tan pequeños, que muchas personas le decían el «chino». Pero nada más incierto, que su «chinandez». Sus ojos estaban empequeñecidos de abandono. A los 8 años había quedado huérfano de madre, a causa de la tuberculosis. Y dos años después, su padre había terminado en la cárcel por homicidio, en donde murió al poco tiempo de un puñalazo en el corazón propinado por el hermano de su víctima. Por lo que nuestro mendigo, con 10 años escasos, se había tenido que criar al pairo. Al amparo de la lluvia, el polvo, el hambre, los perros, los policías y la mano extendida horizontalmente.

Y esto ocurrió un día cualquiera. Aparentemente. El mendigo se levantó como todos los días. Recogió sus papeles, su lata, sus trapos, un mocho de lápiz y un libro viejo desvencijado y sucio, que llevaba consigo desde hacía años. De la portada del libro solo se leía que su autor era Víctor Hugo. Serían alrededor de las 4:30 minutos antemeridiano. Se apostó detrás de una columna y sin que nadie lo viera, hizo su necesidad fisiológica. En este tema su puntualidad era matemáticamente asombrosa. Posiblemente por pudor infantil. O por temor policial. Era lo mismo.

Caminaba con su zig-zag elegante. En el todo de este mendigo había un poco de personalidad principesca. Y es que los príncipes tienen dialécticamente mucho de mendigos. Hasta en el vestuario ambos son exquisitamente ridículos. La diferencia está en que los príncipes extienden su mano en sentido vertical.

Hablaba muy poco. Pero en lo poco que hablaba tenía una precisión profética. Cuando alguien se metía con él, le decía llanamente: «Vaya al carajo». Y si alguna persona de edad lo bendecía, el replicaba: «Bendiga a su madre». Eso sí, nunca ofendía a nadie. Y sus contestaciones eran con voz pausada y calma.

La única compañía que aceptaba con gusto y alegría eran los perros que hociqueaban sus alimentos y su pestilencia.

Acostumbraba a simples y largos monólogos consigo mismo. Mientras se dirigía a sus latones de basura, pensaba y hablaba de su madre: «Estas manos (y se miraba las manos) que sostuvieron tu muerte y que te vieron partir con tus mariposas, todavía te sienten temblorosa. Pero tú volverás cuando yo sea presidente. Y los latones de basura serán de plata mejicana y se colocaran sobre alfombras verdes, que era tu color preferido. También prepararé la fiesta, para cuando regrese mi padre de la Vieja Zelandia. Y ese será el gran día de fiesta nacional. Se sacrificará el cordero. Así todos nos sentiremos juntos. Entonces volverán las mariposas a traernos el amor que nos han robado los hombres egoístas».

A pasos zigzagueantes llegó, en monólogo desacorde, a la mansión de los Marqueses de Aguas Calientes. Sus muros blancos y su reja de estilo renacentista eran imponentes, que valga como decir impotentes. Mientras los marqueses dormían plácidamente a los efectos del aire acondicionado y los excesos de alcohol, el mendigo con su depurada técnica se dirigió hacia el latón de basura. Lo destapó sin hacer un milímetro de ruido. No podía despertar al centinela. Con una agilidad meritoria y evangélica, metió las manos por entre los desperdicios pestilentes. Sus manos se abrían camino, como si acariciaran tiernamente a la mujer amada. Sus dedos largos y callosos sintieron un cuerpo suave (no habitual). Era un cuerpo pequeño y compacto. Cuál no sería su sorpresa cuando, al sacarlo de entre la ruindad de los marqueses, se percató de que tenía en sus manos una linda muñeca de trapo.

La contempló tan cálidamente que volvió a sentir el aleteo de sus mariposas. La apretó en sus manos. Su mirada se volvió tan dulce, que recordaba a María Magdala cuando miraba a Jesús, en su amor agradecido. La acercó a su rostro. La besó con pureza de mendigo. La acercó a su pecho. Lloró con amargura suicida. Nunca de adulto había llorado. Esta era la primera vez. Se acordó de su padre. Homicida. Bueno. Agresivo. Fuerte. Y lloró por largo rato con su muñeca de trapo atrapada entre sus manos; apretada contra su pecho.

El silencioso jazmín abría sus ojos majestuosamente.

En el hemiciclo principal de la ONU (Organización de las Naciones Unidas) un delegado alto, de movimientos torpes, educado y pulcramente vestido, protestaba airadamente porque el PAÍS TAL había enviado sus tropas al PAÍS MASCUAL. Esto (decía) «es una violación flagrante y atrevida; compulsiva y atentatoria; de cinismo exagerado y brutal; que viola los SAGRADOS PRINCIPIOS de los DERECHOS HUMANOS. Por lo que pido (y esto lo pronunció con una ondulación engolada y altiparlante de su voz) el inmediato retiro de las tropas invasoras y el envío inmediato de un contingente militar de la ONU a pacificar la zona del conflicto. Debemos demostrar con nuestra acción que la PAZ es un imperativo improrrogable e inmanente de nuestros principios DEMOCRÁTICOS y un testimonio decidido de la validez de nuestros principios de MORAL CRISTIANA».

Después, y sorpresivamente, pidió la palabra el mendigo. El mundo quedó como espantado. «¡Un mendigo en la ONU!» Y todos repetían «¡Un mendigo en la ONU!». Y los niños en los colegios gritaban: «¡Un mendigo en la ONU!». Y hasta los locos en los manicomios se meaban en los pantalones diciendo: «¡Un mendigo en la ONOLUNU, ahhhhhh!». Y el cura en su homilía dijo santamente: «¡Padre nuestro que estás en la ONU!».

Pero finalmente el mendigo solo dijo unas palabras: «¡TROPAS NO...TRIPAS COÑO!!!» Y con sus manos entrelazadas levantó su muñeca de TRAPO en cáliz oferente.

AL SUICIDIO DE MARILIN MONROE

Todo fue en la hora del olvido, aquellos hombres apenas habían cerrados sus ojos...habían trabajado hasta la madrugada colocando los rojizos ladrillos del escenario. Unos eran veteranos de la guerra civil española, otros de la guerra civil entre César y Pompeyo, y los menos, de la guerra miserable de Marat versus Marat.

La noche era fría y grisácea. Todos habían sentido frío, hasta los de piel más rugosa, pues el frío cala menos y es menos frío en piel rugosa. Solo el viejo perro, destartalado y miserable, sentía deseos de ladrar.

Las mantas comenzaban a arrancar un poco de frío de la piel de todos. Y fue entonces cuando un tumulto de ratones, con trajes de gala, trompetas de jazz espartanas, al ritmo de orgía, anunciaban al mundo una nueva y sensacional tragedia.

HABÍA MUERTO MARILIN MONROE...

Solo una artista excepcional, virgen y excelsamente bella, podía morir, sin apenas sentir ese frío brutal de principios de siglo.

Y es que tragedia no es solo la muerte de una artista excelsa que se repite piadosamente, desde que la misma decidió retirarse de escena por motivos de religiosidad primitiva.

Tragedia es también el nacimiento repentino de aquel gigante humano nacido en África, vivido en tierra de dominio blanco, de seudónimo «Lutero King», que decidió en un acto de voluntad propia, ir a vivir bajo tierra, en donde según él, todos los hombres tienen el mismo color de piel y el mismo color de frío. Y por lo tanto son todos horizontalmente unos seres más cerca unos de otros.

Tragedia es quizás también cuando Mahatma Ghandi, Oliver Hardi y Charles Chaplin fueron derrotados electoralmente y se retiraron a reír a solas.

Tragedia es tal vez la dulzura final y repentina de John Lennon, mientras, el viejo perro no cesaba de ladrar y de hociquear lo desconocido, como si necesitara de ese silencio franciscano de las palmeras serenas y majestuosas, que comenzaron, junto a la brisa borracha de la playa, al ritmo de jazz de las trompetas espartanas, la anunciación esperada, la misma que convenció a Adán a poseer a Eva.

A cada minuto el ritmo era más frenético, apocalíptico, precipitante. Se estaba anunciando una posibilidad inútil, milagrosa, estúpida, extraña, existencialmente cierta, verdadera, medularmente hermosa. Era la tímida e infinita posibilidad de que Marilin Monroe *había muerto.*

Todos despertaron con los ojos arrinconados, hundidos, en la desolación más universal. Y en decisión inconsulta todos rezaron con desprecio y fue el momento del desfile.

Iban en primer lugar, los ratones vestidos de gala, con sus trompetas al viento.

Atrás los albañiles, con sus manos de guerra civil y de ladrillos.

Mahatma Ghandi con su ejército de pobres.

Oliver Hardi con su ejército de gordos y flacos.

Charles Chaplin con su ejército de místicos y de mendigos

Todos llevaban las manos abiertas y todos cargaban la culpabilidad de todos. Los curiosos de siempre, apenas los dejaban avanzar. Solo Pedro el que negó dos veces a Marilín, traía un gallo en la mano. Y lo agitaba bandidescamente, como haciendo señas circulares...

Al rato todos habían llegado al sitio de la tercera negación. Solo faltaba Pedro, que al escapársele el gallo, había demorado desesperadamente. La multitud lucía profundamente angustiada, todos rezaban heréticamente, pues todos inexplicablemente estaban desnudos. El frío rocial se había transformado por mutación térmica, en un calor sofocante. Algunos, en nerviosismo sin igual, realizaban el coito en posición vertical. Otros aplaudían histéricamente al ritmo de jazz apocalíptico, solo el viejo perro, destartalado y miserable, no estaba desnudo.

Todos quedaron paralizados, cuando un inmenso resplandor los iluminó a todos. De los cielos, en milagrosidad barroca, descendía una mujer, de belleza eterna, sus cabellos eran tan largos y transparentes, como los siglos. En ese momento único regresaba Pedro, traía en sus manos el gallo muerto.

Unos decían que el gallo había sido envenenado.

Otros que había sido estrangulado por Pedro mismo, con su paternalismo prehistórico.

Y los menos, que el gallo se había suicidado, para no heredar la culpabilidad de todos.

Y las trompetas de los ratones vestidos de gala, callaron finalmente. Los veteranos de la guerra civil seguían colocando sus ladrillos rojizos en el escenario. Había amanecido, al ritmo de jazz espartano. Una nueva era musical había muerto como el gallo de Pedro.

Y Marilín había descendido de los cielos, por su condición de virgen, en desnudez exquisita.

Y todos exclamaron a voz universal, menos el viejo perro destartalado y miserable.

'VIRGEN PREÑADA', que nunca llegue la hora del olvido, que nunca muera la mística exquisita de Ghandi, que nun-

ca se pierda la virtuosa autoridad de Lutero King, que nunca desaparezca la frescura honda y humana de Charles Chaplin, que siempre haya risas y gordos a lo Oliver Hardi, que siempre tengamos a mano la mano y la agonía pacífica y amorosa de John Lennon.
'VIRGEN PREÑADA' ...ruega por nosotros...

TODOS HERIDOS POR EL NORTE Y POR EL SUR

Esta es parte de la soledad de un mundo carcomido por el odio.

El viejo perro de mirar destartalado, de habilidad persistente, de trotamundo inveterado, se había convertido en el centro del mundo, era sin dudas un animal-carismático, caminaba con elegancia marcial, era un perro sin antepasados, huérfano, bondadoso, agresivo y de inteligencia excepcional, muchos decían que era nacido por generación espontánea.

Todo sucedió en una tarde invernal, inesperadamente, cuando el viejo perro iba cruzando el antiquísimo parque de los olivos, dos disparos le hirieron irreverentemente en sus dos costados.

El olor a plomo se apoderó de los adoquines, de las calles, de los ventanales, de las montañas, de las enredaderas colgantes, de los portales y sus sillones de mimbre, era un olor penetrante, por eso tal vez el gatillo de un fusil puede ser apretado por cualquiera, pero no cualquiera es capaz de apretar el gatillo de un fusil, porque apretar el gatillo de un fusil da la sensación de acariciar lo ajeno, caricia tonta, caricia fuerte, caricia emocionalmente difícil, es la sensación perfumada de una mujer hermosa, de una nariz pequeñuela, es de las pocas sensaciones de la vida en donde se aprieta algo y de pronto nos sentimos saltando al vacío interminable de lo desconocido, es como apretar algo distinto y sentir que nos apretamos a un acontecimiento místico.

El viejo perro se veía caminando con dificultad, parecía en busca de un afán mejor, en su costado norte un hilillo de sangre corría presuroso, en su costado sur otro hilillo de sangre casi imperceptible saltaba en escape de fuerza brutal.

A los extremos del camino, tanto por el norte como por el sur, esclavos, obreros, burgueses, contemplando el milagro consagratorio, de un viejo perro, consagrando su sangre, con la tierra noble y tierna del camino.

Los esclavos bailaban carnavalescamente, se enrollaban a unos látigos larguísimos y groseros, sus costados eran lacerados vivamente con odio tropical, en sus rostros reflejos ancestrales de abandono, desprecio, torpeza confusa.

Los obreros sudaban a bofetadas insolentes de sol, sus manos sudaban indiscriminadamente, en sus rostros reflejos de violencia, arrugas, buhardillas, hervidos sin sal.

Los burgueses mecían sus dolores aginebrados, de imposición paternalista, en sus pasos de medio paso o de medio siglo, recuerdos de revolución, en sus rostros reflejos de satisfacción incompleta, cínica, culposa...

El viejo perro estaba mal herido, era un acto de testimonio y lealtad, casi de agradecimiento, las flores iban perdiendo su perfume, la tierra su humedad elegante, los niños sus sueños innatos de primavera, las mujeres su irresistible desnudez, los pájaros su trinar de primavera, los asesinos su hostilidad isométrica, fue para la historia actual el momento de los hornos, el gran momento de Dios, de los esclavos, de los obreros, de los burgueses.

Los barrios del centro del mundo fueron bombardeados por el norte y desde el sur, era un bombardeo inescrupulosamente criminal, sólo porque todos amaban al viejo perro de mirar destartalado, las esquirlas de las bombas herían a todos sin excepción marginal, todos se abrazaban, y se escuchaba un llanto universal a risotadas histéricas, era un llanto futurista de PAZ LOCA o locura sin paz.

    En el rostro de los esclavos IRA TONTA.
    En el rostro de los obreros DUREZA INCRÉDULA.
    En el rostro de los burgueses CINISMO TEMEROSO.
    En el rostro de todos SUEÑO Y ESTUPOR.

    Todos reclamaban al unísono la presencia del anciano brujo, de cabellos largos, mirar sereno, manos cálidas, él había sido testigo del comienzo, era el poder espiritual, era la única posibilidad de salvación, era el único temor posible, y eso les hacía mirar al anciano brujo, con veneración mística, era el miedo implícito a que la sangre del viejo perro, provocara una conversión universal de tierra muerta, era el horror intrascendente a lo vitalicio, al sueño permanente, a la parusía.

    El anciano brujo y el viejo perro, se convirtieron en lo real posible, de que la carne herida, encontrara su final apocalíptico, y todos también ansiaban el sueño apocalíptico, era parte del temor absolutamente degradante.

    En el centro del mundo se abrió un cráter gigantesco y hosco, el reloj marcaba la hora esperada, 7 y 30 minutos pasado el meridiano.

    Y el brujo con sus cabellos largos, encanecidos, manos grandes, mirada infinita, sentenció con su voz de siglos.

    'MIREN TODOS SU RELOJ'

    Sin miedo, sin espanto, sin locura.
    Todos tienen que marcar la hora trágica.
    Indefectiblemente.
    De no ser así.
    Es que estamos atrasados, condenados.
    Cualquier diferencia implica el infierno.

Momentáneo, transitorio, «monástico».
Parecía que todos estaban ante un contagio bíblico.
La consagración había culminado.
La asamblea dramática había concluido el sacrificio profético.
Y todos cantaron, al estilo del fraile cantor, Elvis Presley.
Y todos lloraron un poco de miedo y todos tomaron vinagre dulce.

Y nuevamente dos disparos, después de tantos siglos, ahora eran heridos los costados del SOL, del poderoso sol, del invencible amante nocturno, del dorado padre universal, y todo a la misma hora de todos, y todos temblaron en un absurdo de miedo, de frío glacial. y perdieron la fuerza de ser, de ladrar, de cerrar el puño, de reír cínicamente, y todos en trance de moribundez, con dos disparos, menos el viejo perro que resucitó al tercer día.

Y bajó a la tierra, y besó las santas manos del anciano brujo, y quedó marcado para siempre, como el hijo del sol.

En el ambiente una esperanza leve.
El viejo perro volvía a marcar el signo de todos.
Los esclavos sintieron IRA.
Los obreros cerraron el puño.
Los burgueses rezaron.
Había comenzado una nueva era:
SIN PUNTOS CARDINALES.
Sin jardines.
Sin computadoras.
Sin recién nacidos.
Sin robots.
Sin trasatlánticos.
Sin parques zoológicos.
Sin razón alguna.

Solo hombres y mujeres carbonizados por la enorme explosión de la metralla, de dos disparos atómicos, y un silencio aterradoramente silencioso.

MARCELINO SIN PAN Y SIN VINO

Esto que narro, pudo haber ocurrido hace un siglo, pero ocurrió ayer, casi hoy, estuvo a punto de ocurrir mañana, podría decirse que es un *cuento,* una *anécdota,* un *relato,* un *poema,* un *comentario,* un *zaperoco,* una *mancha de grasa,* un *andamiaje, es* indiferente, lo que importa es que es en primera persona, por lo tanto, cualquier persona podría contarlo, sin descontar la proporción alcohólica en su sangre.

Ayer fui a la playa.

Iba con mi tristeza de doble fondo.

Iba con los pies desnudos.

Iba solo.

Iba buscando que la arena quemara mis viejos dolores.

Iba buscando que los peces de la orilla me miraran con acierto.

Iba buscando a la gaviota tierna del nuevo testamento.

Iba buscando ese borde misterioso de playa y arena, en donde dios se esconde, para descansar con los peces pequeños

Iba buscando en lo espontáneo de la tarde un SIGNO DE PASIÓN.

Iba buscando los caracoles almendrados de mi padre.

Iba con los pulmones reclamando el embrujo gitano.

Iba con el pensamiento triturado de miserias.

Iba con mis ojeras de tantas torturas miserables.

Iba con mis manos recargadas de arrugas misericordiosas.

Iba simplemente. Iba, iba.

Iban detrás de mí cuatro fusileros, que me amirilleaban la vida. Inmisericordemente por la espalda. Innoblemente, dejando entrever que para ellos la vida carecía de rostro, de comunicación, de alegría, de bravura, de hidalguía, de coraje, de mirarse a los ojos frente a frente, a la altura del colimador y del pecado.

Recuerdo que la tarde caía con una pesadez arrepentida, y mis pasos jugaban al ritmo de un limitado espacio, en el hogar había quedado una esperanza, una golondrina, un ser que debía ser mujer, realmente no recuerdo bien, la soledad es irresistiblemente olvidadiza, y en la ciudad habían quedado Marcelino, los vinos en fermentación, el pan endurecido de terror, también el viejo farolito, de tantas luces innecesarias, los minutos habían quedado al desnudo, los borrachos a la intemperie, los amantes en entrepiernas, los aprendices entre entuertos silenciosos, los viejos portales a la expectativa.

Serían las 7 y dos minutos pasado meridiano, sería la hora del comienzo, confieso, que me sentí cansado, con miedo, como siempre, con mucho miedo, a pesar de que nunca lo haya confesado en público.

He sentido desde pequeño un miedo atroz, apreté las manos, y me golpeé los muslos, me pasé las manos por los cabellos lacios, el agua mansa de la playa me acarició los pies, pensé si serían tiempos de pleamar, proseguí la marcha, la tarde comenzaba a cederle su reino a las primicias de la noche.

Iban detrás de mí, 4 fusileros, con los fusiles cargados, cargados de pasión destructiva, pero cargados, pasaron varias horas de recuperación anímica, caminé, por espacio de 9 horas, Marcelino, aquel mulato santo, que muy pocos conocen, me acompañó por largo rato, él hablaba mucho de la virgen, yo de las prostitutas, por lo tanto hablábamos de lo mismo, los grillos no cesaron en su obsesivo canto nocturnal, me recordaban a aquel viejo maltratado y maravilloso violín de Villanueva, los cangrejos salían de sus cuevas, en curiosidad obscena, la noche me regaló entonces un poco de su lluvia, la luna se escondió para no entorpecer su caída amorosa, mejor decir su caída incestuosa.

Fue entonces cuando un viejo perro, destartalado y miserable, nos ladró con inolvidable cariño, y anduvo con nosotros, por espacio de 38 minutos, hasta que dejó de mover el rabo, se acercó a la orilla de un riachuelo, a tomar un poco de agua.

Caminé muy solo, los cuatro fusileros tras de mi, tras de mi vida, tras de mi muerte, tras de mi adolescencia adulta, tras de mi joven sonrisa al descubierto, confieso que estuve esperando la descarga por espacio de 20 minutos, mientras caminaba, William Faulkner hubiese dicho, mientras agonizo, confieso que nunca había esperado la muerte tan de segundo a segundo, fue una metamorfosis de segundos a siglos, fue una espera exquisita, inacabable, tensa, brutal, por primera vez desparecía el miedo atroz, me sentí dueño y ausente de todo, aquí supe al desnudo que en la vida íntima, está la vida misma, hasta este momento comprendí que yo simplemente vivía, a partir de aquí pude sentir el vivir de otros.

Pensé mucho en la vieja Tomasa, negra, pobre, dulcera, amante tormentosa de mi niñez, en la bodeguita del medio, borracha, tropical, los 4 fusileros tras de mí, y Abdebarán, como testigo único.

Pensé en el medio sin bodeguita, pisoteando los viejos adoquines sudorosos de la Plaza de la Catedral, en donde hasta los mendigos adquieren un cierto porte aristocrático.

En Alicia, pequeña y sin maravillas, que hizo del comienzo un cuento inolvidable.

En el viejo perro, destartalado y miserable.

En María del Carmen, gallega, zalamerosa, que provocó el bochorno de los 4 fusileros, pues éstos no conocían su perfume de mujer.

Pensé en Vivian, belleza neuróticamente atractiva, y neuróticamente bella, para Kierkegard hubiese bastado, un solo instante de soledad neurótica, de la soledad neurótica de esta mujer, y hubiese escrito un tratado filosófico, más extenso que su propio nombre.

Pensé en Ileana, viveza infinita, la recordé con tanto encanto, que la misma infinita viveza, de su piel morena, ha estado conmigo, mientras agonizo.

Pensé en Maggie, ternura y mujer, si los fusileros hubiesen tenido un décimo de la pasión de esta mujer, hubiesen amado eternamente.

Pensé en Carmen, pasión fugaz, su hermano se hizo fusilero, y caminó tras de mí.

Pensé en Damaris, amor repentino, como el de los marineros, que vienen y se van, fueron los tiempos de pisar costarricense, aquí los fusileros, andaban sin fusil.

Pensé en Any, espiritualidad piodoceana, dicen los que la vieron, que terminó en un convento, y que los fusileros habían ido al convento, a pedirle perdón, y que ella se los había negado, diciéndoles, que no habían cometido ningún pecado, por lo que el perro, destartalado y miserable, volvió a ladrar con el mismo cariño.

Pensé en Ana, princesa adolescente, no sabía de fusiles, ni fusileros, pero era adorable, en su pequeño mundo de cristal.

Pensé en Anita, mujer sobria, elegante, pensé mucho en ella, era la más cercana de todas, la más necesaria, solo la vieja Tomasa que estaba tan distante de los fusileros, no la hubiese comprendido.

Pensé en Delia, jamás una mujer uruguaya, había querido tanto, tan distante, por eso fue la única que le escribió a los fusileros, y les dijo…«quiéranlo coño, que solo ha pecado, con el p e n s a m i e n t o.»

Pensé, me enjuagué las manos, el rostro, hasta el alma un poco alcoholizada, vuelvo a confesar, que tuve un instintivo temor al goteo de la lluvia, como siempre, he sentido desde pequeño, un miedo atroz, tal vez porque al esconderse la luna, la noche se convierta en recinto monástico.

Serían las 4 y cinco minutos, de la madrugada, por las cascadas de la Sierra, caían aguas cristalinas, al rato reapareció la luna, venía vestida de largo, con rosas, naturalmente bella.

Pensé mucho en mis padres, creo que el objetivo de los fusileros, era matarlos a ellos también, por transitiva intención, la madrugada se hizo tibia, tenía un dolor vociferante en la espalda, confieso que esperé la muerte inquieto, con paz tenebrosa, no quería morir, y quién quiere morir, solo los suicidas que creen en el más allá a destiempo, iban detrás de mí, los 4 fusileros, se les sentía nerviosos, es más espontáneo morir, que matar, más fácil, morir es dormir, matar es castrar.

Pensé en aquél Lorca de España, y Marcelino se comió el pan, y se tomó el vino, por eso se convirtió, casi milagrosamente, en Marcelino, sin pan, y sin vino.

Pensé en Ana, inexistente, incrédula, intuitiva, buena, muy buena, inacabada, inmanente, insuficiente, si los fusileros la hubiesen visto, la hubiesen matado antes que a mí.

Pensé en Ángel Luis, aquel niño lisiado de las montañas, que Dios olvidó en su libro recreativo, y yo quise que fuese entrevistado, por los fusileros.

Y la noche fue tiñendo los recuerdos, en oscuras veleidades y referencias, anunciando que la vida es toda una posibilidad secreta e inconclusa, y la brisa comenzó a danzar, su fiesta oculta, en las palmas, encrestadas de agua mora, fue sintiéndose el olor a madrugada, ya la noche no era dueña de mi espacio, iba solo con las manos arrugadas, me pasé las manos por los cabellos lacios, sentí entonces la barba encanecida la mirada cansada, mil demonios ocultos, y finalmente un miedo atroz.

Marcelino volvió a hablarme de la virgen, le dije en tono de oración, que las prostitutas andaban perdidas, y ambos convenimos en ir a visitar, al Jorobado de Nuestra Señora de París, que por el trópico le llaman, el Caballero de París, pues suponíamos, por los libros de caballería, que él sabría, el paradero de todas, fue entonces al rato, cuando decidí el retorno, había transcurrido un siglo, como siempre un miedo atroz.

Ayer fui a la playa, iba solo, la soledad terriblemente abandonada, terriblemente olvidadiza, terriblemente sola.

Volví a caminar por espacio de 9 horas, el cansancio era final, no sentí deseos de reír, serían las 4 y quince minutos, en esta ocasión, no tuve la compasión de Marcelino, Marcelino había muerto, Marcelino estaba dormido, Marcelino simplemente no estaba, y fue mi gran momento espiritual, recé pausadamente, estaba recostado en una de las columnas barrocas de la Plaza de la Catedral, el Cristo Ladrón de la Habana me miró con desprecio, la lanchita de Regla con inmenso cariño, la bodeguita del Medio con admiración, la Avenida de Paula con principesca sobriedad, y recé en voz muy baja.

MARCELINO SIN PAN Y SIN VINO
QUE ESTÁS EN EL SUELO, MEJOR DECIR EL SUBSUELO,
DAME TU INAGOTABLE FE, DE TODOS LOS DÍAS,
SANTIFICADA SEA TU NEGRITUD, Y TU PUREZA,
Y TU IGNORANCIA, Y TU SENCILLA RAZÓN DE CREER,
NO ME HAGAS CAER EN LA TENTACIÓN,
DE LOS INCRÉDULOS.
QUE ASPIRAN A DIOS, SIN MANOSEAR EL DULCE Y
EXCITANTE JUEGO DEL PECADO
PERMÍTEME EL CAMINO DE TU VIRGEN,
PERO NO ME HAGAS PERDER, EL DE MIS
PROSTITUTAS.

Y así nació mi hijo Marcelino, sin pan y sin vino, y su primer gesto de vida, fue preguntar por los fusileros, y comenzó a escalar las montañas de la Sierra Maestra, sin fusileros, y con un miedo atroz.

B– CUENTOS EN MINIATURA

el piano

Cuento 1:

El piano se sentía orgulloso de que unas manos exquisitas lo teclearan. Ambos se acariciaban dulcemente. Y se sentían tan atados uno al otro, que no podían prescindir uno del otro, en ninguna de las actividades cotidianas.

Para las manos la musicalidad femenina de las teclas lo representaba todo en su vida.

Pero vino la guerra. Las manos tuvieron que empuñar un fusil para defender la tierra natal invadida por los ejércitos nazis.

Y el piano conoció la soledad y al transcurso de los años las manos regresaron tan endurecidas por la dureza de la contienda, que jamás pudieron acariciar nuevamente sus teclas inseparables.

Con el pasar de los años, el niño huérfano se encontró con el envejecido piano en una tienda de liquidaciones. Él había perdido a su padre en la guerra. Y se sentó en la banqueta para teclear los acordes de sus recuerdos.

Y el piano, libre de tristezas volvió a sentirse libre.

el niño

Cuento 2:

El niño se tiró en paracaídas. Iba orgulloso de sí y vencedor del espacio. Las nubes amontonadas sonreían muy espontáneamente a su paso de velocidad vertical. En el aire se encontró con una golondrina feliz, que osó preguntarle: «¿A DÓNDE VAS?». A lo que el niño contestó sin malicia infantil: «**QUIERO SER DUEÑO DEL SOL. Y DE SUS MISTERIOS. Y DE SUS CARICIAS**».

Y un avión de combate de insignias NACIONAL-SOCIALISTAS pasó por sobre el paracaídas. Y este se convirtió en un gran pájaro de fuego.

Y la golondrina siempre contó que el niño vivía en paz al amparo del sol.

Y el niño se despertó preguntando por su padre.

una rosa

Cuento 3:

Una rosa creció. Era la más hermosa y enigmática de todo el rosal.
E inexplicablemente murió al tercer día.
Resucitó al cuarto.
Las multitudes acudieron histéricas a vivenciar aquel fenómeno de sobrenaturalidad horizontal.
Entonces la rosa juntó las manos y rezó. Y el mundo quedó en silencio. Parecía un silencio culposo.
Sólo ladrarían los perros y los mendigos cantaron. Y el tanque de guerra soviético, que había cruzado la frontera para pisotear la hermosa primavera del rosal.

el boxeador

Cuento 4:

El boxeador pegó una vez. Y otra. Y otra. Y no se cansaba de pegar. El indefenso contrincante estaba liquidado físicamente. Pero no caía. Su resistencia era prodigiosa.

El público comenzó a sentir una poderosa hostilidad hacia el boxeador que pegaba sin ninguna consideración humana.

Y una apuesta y bella mujer le gritó sin reparo de entre el público: «ASESINO, ASESINO».

A lo que tanto el boxeador como el contrincante respondieron, en similitud de sentimientos: «También los asesinos que no provocamos guerras tenemos derecho a vivir».

miles de peces

Cuento 5:

Miles de peces llegaron a la orilla de la playa. Todos se miraban impacientes. Como si esperaran un lamento universal para saltar a tierra.
El mar estaba encaracolado. Las rocas inmutables lo observaban todo con absoluta frialdad. Y los toros esperaban el día para viajar a Pamplona.
La conjunción de peces y toros ya había sido descrita en el viejísimo testamento, como una gran conjunción de amor.
Y en medio de este maremágnum de peces y toros, todos vieron la llegada de un hermoso caracol prietuzco que preguntó a los peces: «¿USTEDES CREEN EN LA LIBERTAD?»
A lo que el toro mayor respondió con sobriedad jerárquica: «LA ESTAMOS COSECHANDO EN SILENCIO, PUES NO QUEREMOS LIBERTAD REMENDADA».

C– CUENTOS A LA ABUELA

LA CUEVA DE LAS HORMIGAS

Sin decirle absolutamente una palabra a su abuelita –en una tarde de sol y empeño– el niño decidía hacer una visita a las hormigas.

Con las manos, los dedos y las uñas, empezó presuroso a escarbar la pequeña salida de la cueva, que se encontraba situada entre la hermosa mata de limón y la vieja y arrugada mata de anón.

Rápidamente las uñas se llenaron de tierra.

Pero en el transcurso inminente de los minutos recorriendo el espacio –en su empeño incesante de ampliar el hueco existente– todo su cuerpo era un globo de tierra.

    Los zapatos llenos de tierra
      La rodilla hinchada de tierra
        El pantalón teñido de tierra
          La camisa pintorreteada de tierra
            El rostro con manchas de tierra
              Y en el pelo un embadurne maravilloso de tierra y sol.

«Yo tenía entonces 4 años de edad. Y han pasado 4 años desde entonces. Por lo que ahora suman 8 mis años de inquietud. En aquel entonces, en una ocasión de curiosidad afectiva, le pregunté a abuelita por qué mi Mamá nunca estaba en casa, como la mamá de mis otros amiguitos». A lo que abuelita me contestó con su voz arrugada y tonta: «Tu mamá fue a hacerle una visita a las hormigas y demorará algunos años en regresar». Como es natural en un niño medianamente despierto, la respuesta no le satisfizo ni en un milímetro de longitud.

EL PULGÓN con su panza de medio lado, daba tranquilamente de mamar a las hormigas pequeñuelas. Su mirada maternal y dulce denotaba una satisfacción personal muy peculiar.

Mientras tanto, el resto del enorme ejército de hormigas había recibido la señal de ALARMA GENERAL DE GUERRA, a consecuencia del constante y ensordecedor ruido y desprendimiento de tierra, que se venían sucediendo en la entrada principal de la cueva.

En un abrir y cerrar de ojos las hormigas se formaron en columnas cerradas con sus vistosos capotes rojos.

La reina, que descansaba en su recinto, recibía constantemente la información militar del Estado Mayor de su ejército sobre los acontecimientos inesperados.

En conclusión, en la minúscula república de «Fornica Rufa» (éste es el nombre las hormigas dan a su país) estaba en pie de guerra. Sus armas preparadas para atacar el enemigo que –aparentemente– osaba internarse en el país, violando la sagrada soberanía subterránea.

El niño proseguía con sus dos rodillas atadas al suelo, en implacable tesón, arañando la tierra con sus manos removiendo tierra, en su empeño de ampliación.

La abuela dormía con la inseparable compañía de sus ronquidos garrapatosos.

Y las hormigas rojas, de vieja estirpe guerrera, ya marchaban a paso de combate hacia el objetivo militar.

La vanguardia suicida, de probada veteranía militar, compuesta por 52 hormigas, ya había recibido la orden de acercarse a paso forzado, dejando atrás el resto del numeroso ejército, para topar al precio de vida necesario con el insolente invasor.

El niño se pasó su mano cansada por su frente sudorosa de tierra. Y sonrió. Miró el cielo y sintió el ronquido de la abuela. Su objetivo de ampliación estaba terminado. Tanto había sido su esfuerzo que hasta por sus venas corría sangre mezclada con tierra.

Tenía sed. Pero prefirió no perder ni un solo minuto más e iniciar su marcha. Se quitó los zapatos para sentirse más ligero.

Iba caminando despacio, tratando de no perder el más mínimo detalle de aquel maravilloso mundo subterráneo, en donde encontraría a su Madre.

A menos de 100 metros de distancia, la vanguardia suicida lo divisó con claridad de espanto. Y al instante decidieron una avanzada de 3 hormigas para definir con mayor exactitud al monstruo de 2 patas en tierra; 2 patas colgantes y rostro infantil que avanzaba hacia ellas.

Sigilosamente las 3 hormigas rojas se acercaron a los plantales del intruso. Y respondiendo a una contraseña prefijada, lo aguijonearon con sus lanzas y con saña en el tobillo izquierdo.

Cuando el niño sintió el dolor picante, levantó ipso-facto el pie adolorido.

Y en una mirada de prevención rápida, se encontró con las 3 hormigas parapetadas a escasos centímetros del otro tobillo.

Muy inteligentemente el niño decidió no hacerles daño alguno.

Y las hormigas decidieron aceptar la pausa implícita, aunque sin bajar un ápice las lanzas de combate.

«¿Qué buscas en esta sub-tierra de las hormigas más valientes del planeta?».

«Pues busco simplemente a mi madre, que desde hace 4 años vive entre ustedes».

«Tu madre, tu madre es la reina de las hormigas, pero son muy pocos los que pueden verla, pues quien osa tratar de verla sin permiso, muere al instante».

Y la abuela entró en el cuarto de su nieto para despertarlo.

El niño dormía tan plácidamente, que no hubo forma humana existente, que lograse que abriese los ojos.

Y es que al parecer, había decidido –en un acto de osadía infantil– ir a visitar a su madre para darle un beso.

Así durmió años y años. Hasta que las hormigas le permitieron convertirse en hormiga.

Y empezó su nueva vida, mamando de un pulgón más rojo que la naranja.

EL ALTAR DEL GAVILÁN

El gavilán está conceptuado entre los animales más audaces del aire.
Y la abuela –con su piel de luto– llevaba día tras día al niño a la misa de 6:30 de la parroquia del barrio.
El gavilán en su audacia es hasta capaz de atacar al hombre.
Y la abuela le decía al niño diariamente que rezara por el alma de su madre, que había muerto desde el mismo día de su nacimiento.
El gavilán en cuestión –de plumaje azulgrisáseo– acostumbraba a posarse sobre el campanario de la iglesia. Y desde allí acechaba todos los pormenores del barrio.
El niño en invariable gesto de orgullo y altura, siempre antes de entrar en el pórtico de la iglesia, miraba el campanario con ánimo evidente de decirle al gavilán algún secreto de sí.
El gavilán, con su vivacidad innata, aprovechó un día que la abuela mandó solo al niño a la misa, pues tenía su acostumbrada gripe chinchosa, y le hizo señas al niño para que subiera al campanario.
El niño, solícito y muy en sigilo, emprendió sus pasos escalerados.
Allá lo esperaba el ave rapaz con sus ojos de mirada infinita y su curiosidad de color naranja efervescente.

—Vengo a pedirte un favor, amigo gavilán, tú eres el único que puedes llevarme al cielo a ver a mi mamá, pues qué sentido tiene tanto rezar y rezar en tierra, cuando ella está más allá de lo imposible.

A lo que el gavilán, con su voz de silbido galante le contestó al instante: «Yo estoy en disposición de llevarte a la nube intrusa más lejana, pero todos los cielos existentes los he recorrido y vuelto a recorrer, y jamás de los jamases he visto por aquellos lares a ser humano alguno. Aquel es un mundo de aire frío y paz serena».

El niño quedó sorprendido y de un salto de vida inconcluso, se colgó del viejo badajo del enorme campanón y en un péndulo incesante y nervioso, dio rienda suelta a un repiqueteo musicalmente atronador.

El pueblo se miraba sorprendido.

El gavilán se asustó y voló.

Y el niño en un gran gesto de pureza infantil, rió a pómulo riente. Y fue allí entonces cuando vio a su madre por primera vez. Y para siempre.

EN LA ACERA NACIÓ UN JAZMÍN

El niño salió de casa de su abuela a pasos presurosos. Su rostro denotaba un hondo pesar: ojos tristes
                párpados caídos
                labios quejosos
                pecho hundido
                manos pálidas
                piernas cansadas
No había conocido a su madre. Y su abuela le había contado en una ocasión que su madre había muerto en un accidente de tránsito, mientras transitaba por la acera.

Sus pasos se fueron haciendo más lentos, a medida que se acercaba al lugar de los hechos.

Y la lentitud fue tan absoluta que la marcha se detuvo.

Con sus dedos pálidos se rascó la nariz.

Se sentó en la acera, apoyando los pies en el pavimento de la calle. Pensó largamente. Hasta que agotó de angustia al propio pensamiento.

Y como un relámpago castrativo de birlibirloque, sus dos piernas debiluchas desaparecieron. Como si en el hormigón de la acera se hubiese abierto un cráter antropofágico.

El niño quedó apoyado en sus manos, y en sus ojos, cual metamorfosis maravillosa, fue desapareciendo su expresión de tristeza.

Seguidamente, en su insaciable sed antropofágica, la acera hizo desaparecer todo el resto del cuerpo del niño, menos su pensamiento.

La tristeza había desaparecido totalmente.

Y el niño, con un gesto de ternura único, recostó su pensamiento sobre la acera. Entonces de su rostro brotó una sonrisa fresca, limpia, clara, feliz. Y de sus labios hermosos y rozagantes saltó un gran canto abarrotado de vida y cubierto de existencia. Se había producido su encuentro con la libertad.

En medio de esa sonrisa inigualable, la acera había terminado su banquete infantil, y el niño había desaparecido.

Y en esa nada absurda que quedó en la acera, nació un jazmín.

D– POEMAS PARA ALTERNAR

POEMAS A DIOS

POEMA 1:

SORBO UN POCO DE CAFÉ...

LOS LABIOS SE TIÑEN DE NEGRURA

EL PALADAR DE AMARGURA

Y PIENSO QUE LOS NIÑOS

BIEN PODRÍAN HABER SIDO TODOS

DEL COLOR CAFÉ...

SOLO QUE DIOS

DEBÍA HABER TENIDO ENTONCES

LAS MANOS NEGRAS...

POEMA 2:

ME LIMPIO LAS UÑAS

CON LA PUNTA DEL COMPÁS

Y QUEDAN BLANCAS COLOR YESO,

SOLO QUE EL CHURRE NEGRO HA

CAÍDO AL SUELO POR GRAVEDAD

PARA HACERLO MAS SUCIO Y POLVORIENTO...

SI DIOS NOS HUBIESE HECHO SIN UÑAS

TODOS HUBIÉSEMOS SIDO

UN POCO MÁS LIMPIOS...

POEMA 3:

ABRO LA DUCHA

EL AGUA TIERNA

ME GOLPEA EN EL ROSTRO

CON SU FRIALDD DE INVIERNO...

SE ME CRISPA ENTONCES LA PIEL

Y ME DUELEN LOS POROS

PIENSO QUE SI DIOS

HUBIESE OLVIDADO EL AGUA,

ENTONCES SIMPLEMENTE

NO TENDRÍAMOS SEDIENTOS...

POEMA 4:

ME PASO LA MANO POR EL ROSTRO,

ORDENO LOS CABELLOS,

CIERRO TIERNAMENTE EL PUÑO,

GOLPEO EL MEMORÁNDUM AZUL

Y PIENSO SIMPLEMENTE

QUE SI DIOS HUBIESE TENIDO

UN ROSTRO MÁS VISIBLE

NO HUBIESE NECESIDAD

DE PUÑOS CERRADOS...

POEMA 5:

EL CANSANCIO DEL DÍA

CORRETEA POR MIS VENAS,

ME ACUESTO,

CIERRO LOS OJOS,

UNA MANO EN EL CORAZÓN,

LA OTRA EN LOS BOLSONES;

PIENSO EN LOS VIEJOS MENDIGOS

TIRADOS EN LOS PORTALES DE LAS IGLESIAS...

Y PIENSO QUE SI DIOS

NO HUBIESE DORMIDO EL SÉPTIMO DÍA,

EL MUNDO ESTARÍA MÁS DESPIERTO...

POEMA A YOLANDA

el día de su nacimiento

hija de mi soledad
    de mi cultura
    de mis viejos rezos ya gastados
    de mi futuro de sudor y arrugas
    de 20 leguas a la redonda
    de mi verso medio verso
    de una R que se arrastra
    desde la guerra civil española
    de una mosca impertinente
    posada en mis sandalias
    de 15 semanas de pasión
    «me muerdes en la tierra
    como un potro salvaje
    y me espanto de tu sonrisa silenciosa
    acompasada con tu sexo de licor y miel»

    hija de mi soledad
        todavía no ha tiempo
        a que veas el sol
        ni pises tu tierra
        de fuego y espuma de mar
        ni que los varones cacheteen tus mejillas
        ni tus piernas se purifiquen de carbón y arena limpia
        ni que tus ojos de tormenta y carrusel
        alivien mi viejo mirar de toro cansado
        ni que te bañes en las aguas mansas
        de nuestra tierna primavera de marfil
        ni que bebas agua de manantial
        en atardeceres de pasión.

hija de mi soledad
   quiero que tu cuerpo se cubra de jazmines
      tus manitos vayan al río
      en caza de jaibas y golondrinas
quiero que descubras en cada noche
      un dócil motivo de mujer
quiero que creas en algo
      y comas mamoncillos dulces
         pronuncies tu nombre de siete letras
quiero ver tus ojos claros
      que ya los míos
      están oscurecidos de terror.

POEMA A LAS CALLES DE PRAGA

Mayo de 1968

Supongo que las calles
se nutran de verdades intermedias
en su sudor de pueblo y aventuras
    puños de polvo y ansiedades
    fuentes de caprichos infantiles
    prismas de cenizas y de piernas hembras.

Supongo que prefieran
    el bus de doble puerta
        al viejo carricoche
            de mulo
                con carbón y ojeras.

Supongo que mediten
    en su cruda opción
        de adoquines limosneros
        y el audaz asfalto
            con su roja pañoleta de pan y mermeladas.

Supongo que comenten
en sus cigarros de café nocturno
la nueva ciudad de la victoria
surgida en trampas de bambú dorado
y en exquisitos versos con poder de plomo.

Supongo que las calles supongan

que es hora de forjas

de lluvia
de siembras
de sol y arena
de playas y revolución
de amor y amantes
de niños con su manos limpias.

Supongo entonces
que me dejen transitar
sin miedo.
al pairo.
con mis zapatos de tacón de goma
con el botón de la camisa abierta
y en mi reloj marcando
las horas precisas
de un rumbo en primavera.

POEMA A MI PADRE

A UN ANIVERSARIO MAS DE LA MUERTE DE MI PADRE

He visto en mi costa
a un viejo pescador
y he abierto el archivo de papeles viejos
y en cada telaraña una sensación de pan
y en cada mariposa una caricia fugaz
y en cada migaja polvorienta un poco de locura
y en cada noche un refugio de recuerdos
y en cada puente colgadizo un suicidio prematuro
y en cada barcaza rozándome los pies una invitación a sus orillas
y he recogido entonces un poco de sostén
    con las manos arenosas de playa
    la mirada salpicada de piel
    los poros cubiertos de hojarasca

Y después de años he deseado platicar
a solas con mi padre, sentados ambos en un sillón de mimbre,
en busca de su paz arrugada
          sudorosa
               callada
                    marinera
                        sedentaria

Y he sabido del viejo pescador
que los ríos se han quedado sin pulmones
la tierra sin metralla
las piedras sin vientres recostados
las palmas sin erizo

Y en mil giros de vértigos concéntrico s
              brisas de palma
              quejas de amor
              huellas de sol
              peces y paz
              y un llanto eternamente interminable

POEMA A PONCE

Al más pálido de los pintores cubanos

Hoy he conocido a Ponce
en unos ojos tristes-en una boca tierna
en una frente dulce-con un pincel de nubes altas
con sus manos temblorosas de ron
con sus ropas sucias de pueblo limpio
con sus trazos pálidos de sabor sin rumbo
con sus uñas toscas y su andar despacio.

Ayer me hablaban de Ponce
yo andaba de viaje con mi soledad a espaldas
eran los tiempos a plomo perdido
eran las noches traviesas de adoquienes y sueños.

Anteayer murmuraban de Ponce
de sus cuadros flacos y orgullosos
por las muchedumbres calles de niuyork
eran las tardes en que unos niños yacían en Kent
adormecidos de incienso y caracol.

Finalmente mañana conoceré a Ponce
en una tarde invernal de Varadero
en un rostro desconocido de mujer
sintiéndolo a falta de pulmón
respirar por su viejo corazón envejecido
y me he sentido triste-tierno-dulce-pálido-tosco.

Y le he pedido a los santos
del invierno infernal
si existe algún pálido interés
que conozcan a este Santo
de ojeras y pincel.

VIVE SIN PAZ MIGUEL II
(metamorfósis de un poema)

Cada piel su plomo reservado
i cada plomo su flor
i cada flor su amanecer
i cada amanecer su andar descalzo...

                de sandalias.piedras.caminos. i tierra.

I pienso con gesto de animal cansado
que necesito tu piel sin cicatrices de guerra
    tu flor risueña de mano amamantada
    tus piernas naranjas de río revuelto en primavera
    tus pupilas ensombrecidas de fusil caliente

I pienso en fecha retroactiva
    que atrasar un reloj es volver a vivir
    por lo que piel. plomo. flor. i cicatriz.
    pueden mirar atrás. i andar entonces más aprisa.

«ALELUYA A JOHN LENNON»

Te mataron a mi edad/por temor a tu guitarra/de metal gitano
Te quebraron tus respiros/por temor a tu canción/de cuerdas cristalinas
Te dejaron desangrado/por temor a tu pasión amante/de impulsos repentinos
Te castraron tus andanzas libres/por temor a tus versos/de sexo incongruente

Solo nos queda tu canción
        puñado de tierra fértil
        capricho de salitre i sol
        huella de sudor i soledad
        compases de torrente i mar
        pupila de fugaz altura

Solo nos queda tu canción revuelta
        con dolor de vientre
          sabor de manzanas frescas
            vuelo de paloma indefinida
              versos trashumantes de pasión intacta

Solo nos queda tu canción revueltamente peligrosa i tierna
        con sabor de muerte pasajera
          andar pueblerino
            locura risueña
              generación de espanto

Solo nos queda tu canción revueltamente peligrosa tierna i desastrosamente pastoral
i así verte nacer entre amores atropelladamente atropellados
con la vieja esperanza de las viejas rocas ancestrales
que besan a sol tierno en tierra ajada
con lágrimas de fuego nocturnal
i rosas hecha trizas en tus risas

Solo hemos quedado todos
          vacíos de llanto hasta para la misma despedida
                    de espanto hasta para morir a solas
                    de lluvia tierna hasta para saciar tu
                    sed de evangelio tierno

Pero siempre nos queda la canción
                        de tu adorable manhattan pecadora
                        i peregrina

                                ALELUYA
                                ALELUYA
                                ALELUYA

El autor de *Todos heridos por el Norte y por el Sur* insiste que no es pintor, pero le gusta pintar a ratos, y resulta que este retrato de John Lennon lo pintó unos días después de concluir su alegórico poema.

www.ingramcontent.com/pod-product-compliance
Lightning Source LLC
Chambersburg PA
CBHW050042080526
44586CB00014B/1424